westermann

W0465054

BAUSTEINE

Trainingsheft Lesekompetenz

Erarbeitet von
Ricarda Paulisch, Lengerich
Kerstin Riesberg, Wallenhorst

3

Inhaltsverzeichnis

Leseflüssigkeit trainieren

	Seite	Datum
Blitzlesen	4–5	
Lautlesen	6–7	
Unterschiedliche Schriftarten lesen	8–9	
Im Tandem lesen	10–11	
Bild- und Textaussagen verknüpfen	12–13	

Leseerfahrungen sammeln

	Seite	Datum
Arbeitsanweisungen verstehen	14–15	
Märchenmerkmale erkennen	16–17	
Gedichtmerkmale erkennen	18–19	
Ein Kurvendiagramm lesen	20–21	
Eine Kindersuchmaschine nutzen	22–23	

Texte besser verstehen

	Seite	Datum
Überfliegend lesen	24–25	
Genau lesen	26–27	
Unbekannte Wörter klären	28–29	
Wichtige Informationen finden	30–31	
Zwischenüberschriften finden	32–33	
Informationen in einer Mindmap darstellen	34–35	

· Kompetenzen der Seite

· FÖ-KV: Förder-Kopiervorlage Lesen
· Beispielseiten aus dem Lesebuch (978-3-14-137167-3), mit denen die Methode trainiert werden kann

Eine Geschichte nacherzählen . . . . 36–37 ☐ ______

Über Texte nachdenken

Eine Figur beschreiben . . . . 38–39 ☐ ______

Mit anderen über einen Text sprechen . . . . . . 40–41 ☐ ______

Texte präsentieren

Einen Text ausdrucksstark vorlesen . . . . 42–43 ☐ ______

Ein Buch mit einem Lapbook vorstellen . . . . . 44–45 ☐ ______

Lesespaß

Leselogical . . . . 46 ☐ ______

Lesechallenge . . . . 47 ☐ ______

Aha! Hier erfährst du, wie du die Methode anwendest und wozu du sie brauchst.

Hier denkst du über dein Lernen nach:

☺ Ich bin fit.

😐 Ich trainiere weiter.

Aufgabenarten in deinem Trainingsheft:

- wiedergeben und ausführen
- anwenden und nachdenken
- weiterdenken und begründen
- mit einem Partnerkind trainieren
- in der Gruppe trainieren

Blitzlesen

1 Nimm ein Blatt Papier.
Lies schnell eine Zeile. Decke die Zeile dann mit dem Papier zu.
Sage, was du gelesen hast.
Wiederhole die Übung mit den anderen Zeilen.

Fest

ganz weit

lassen fragen nehmen

Auge Hand Vater Kopf

einzig gerade lang nah hoch

2 Lies die Wörter in der ersten Zeile laut. Ein Partnerkind stoppt die Zeit.
Trage ein, wie lange du brauchst. Lies die Zeile noch zweimal.
Wiederhole die Übung mit den anderen Zeilen.

	Runde 1 **Sekunden**	Runde 2 **Sekunden**	Runde 3 **Sekunden**
Jahr Uhr Euro Messer Frau			
haben können müssen geben kommen			
groß neu viel alt letzte			
Mutter Woche Haus Leben Fluss			
hören wissen stehen machen gehen			
lieb weit einig klein spät			

- Wörter möglichst schnell erfassen und lesen
- Wortbausteine in Sätzen möglichst schnell erfassen und lesen
- Texte flüssig lesen

- FÖ-KV: 4, 5

1 Markiere möglichst schnell das Wort **die** in den Sätzen.

Meine Katze heißt Miezi und ist die schönste Katze der Welt.
Heute fahre ich mit ihr in die Tierklinik, um sie impfen zu lassen.
Zuerst setze ich sie in die Transportbox und dann fahren wir los.
Die Tierärztin ist sehr nett und erklärt mir alles.
Am Ende bekommt Miezi die Spritze und eine Belohnung.

2 Der Wortbaustein **Aus-/aus-** kommt sechsmal im Text vor. Markiere ihn möglichst schnell.

Ich liebe Ausmalbilder und ich male gern mit Buntstiften. Dann kann ich auch problemlos ausbessern, falls ich mal über den Rand hinausmale.
Ausgerechnet, wenn ich aufgeregt bin, kommt das vor.
Zum Glück passiert das nur ausnahmsweise. Dann hilft mir nur eins: ausatmen und Augen schließen.

3 Markiere möglichst schnell die Wortbausteine **-ig** und **Un-/un-** im Text.

Im tiefen Wald steht ein unheimliches Haus.
Es ist riesig mit zwanzig dreckigen Fenstern. Darin leben vierzig Ungeheuer.
Die Ungeheuer haben nur Unsinn im Kopf.
Sie kauen in knackig kalten Nächten Unmengen an Unterhemden, gern auch löchrige Socken.
Wer sie mal mutig trifft, kann ihnen unmöglich böse sein.
Denn sie sehen nicht unheimlich aus, sondern witzig.

Ich kann kurze Wörter und Wortbausteine schnell erkennen.

Rückmeldung: ______________________________

Lautlesen

1 Lies die Texte auf dieser Seite laut. Immer, wenn du an eine Lücke kommst, schau schnell auf die andere Heftseite. Lies, was in der Lücke stehen muss. Dann lies auf dieser Heftseite weiter.

Der Schatz in den Bergen

1. Ben und ich waren mit Papa in den Ferien in den ______.
Wir haben an einem einsamen ______ gezeltet.
Das Wasser war sehr ______ und eiskalt.
Aber wir schwammen jeden Tag in dem See, bis wir vor Kälte ______.
Dann kuschelten wir uns in unsere ______ und tranken am Lagerfeuer heißen Kakao.

2. … Am dritten Tag pumpte Papa unser ______ auf.
Es war ein herrlicher Tag und der See lag ______ vor uns. Wir ließen das Boot ins Wasser und paddelten bis zur Mitte des Sees. Dort spielten wir ______.
Ich war die Kapitänin, Ben war der erste ______ und Papa war der Koch.
Ich rief: „Seeungeheuer voraus! ______ abdrehen!“ Ben rief: „Aj, ai, Käpt'n!“
Und Papa tat so, als ob er ______ schälte.

3. … Plötzlich sah ich etwas tief ______.
Ich sagte: „Koch, sieh nach, ______.“ Papa sprang mit einem Kopfsprung ins Wasser. Kurze Zeit später tauchte er wieder auf.
______ eine kleine goldene Vase.
Sie sah sehr alt und geheimnisvoll aus. Hatten wir ______ gefunden? Am ______ fuhren wir in die Stadt und fragten im Museum, ob unsere Vase wertvoll war. Leider war sie es nicht. Aber das ______.
Für uns blieb die Vase der Schatz aus den Bergen.

- Blickspannerweiterung trainieren
- Wörter im Textzusammenhang erfassen und lesen
- Texte flüssig lesen

- FÖ-KV: 6, 7

Der Schatz in den Bergen

1. Ben und ich waren mit Papa in den Ferien in den **Bergen**.
Wir haben an einem einsamen **See** gezeltet.
Das Wasser war sehr **blau** und eiskalt.
Aber wir schwammen jeden Tag in dem See, bis wir vor Kälte **zitterten**.
Dann kuschelten wir uns in unsere **Decken** und tranken am Lagerfeuer heißen Kakao.

2. … Am dritten Tag pumpte Papa unser **Schlauchboot** auf.
Es war ein herrlicher Tag und der See lag **glitzernd** vor uns. Wir ließen das Boot ins Wasser und paddelten bis zur Mitte des Sees. Dort spielten wir **Piraten**.
Ich war die Kapitänin, Ben war der erste **Steuermann** und Papa war der Koch.
Ich rief: „Seeungeheuer voraus! **Schnell** abdrehen!“ Ben rief: „Aj, ai, Käpt'n!“
Und Papa tat so, als ob er **Kartoffeln** schälte.

3. … Plötzlich sah ich etwas tief unter uns im Wasser glitzern.
Ich sagte: „Koch, sieh nach, was da so glitzert.“ Papa sprang mit einem Kopfsprung ins Wasser. Kurze Zeit später tauchte er wieder auf.
In seiner Hand hielt er eine kleine goldene Vase.
Sie sah sehr alt und geheimnisvoll aus. Hatten wir tatsächlich einen Schatz gefunden? Am nächsten Tag fuhren wir in die Stadt und fragten im Museum, ob unsere Vase wertvoll war. Leider war sie es nicht. Aber das störte uns nicht.
Für uns blieb die Vase der Schatz aus den Bergen.

Rückmeldung: ______

Unterschiedliche Schriftarten lesen

1 Lies die Witze. Habt ihr die Schriften schon einmal irgendwo gesehen? Sprecht miteinander.

1. Treffen sich zwei Schnecken
an der Straße.
Will die eine rübergehen.
Sagt die andere: „Sei vorsichtig,
in einer Stunde kommt der Bus!“

2. Zwei Kinder laufen an
einem ausgetrockneten See vorbei.
Sagt das eine zum anderen:
„Guck mal, der See ist weg!“
Sagt das andere Kind: „Das war
bestimmt ein Seeräuber!“

```
3. Zwei Männer wollen
ein richtig schweres Sofa
in den achten Stock eines
Hochhauses schleppen.
Der Fahrstuhl ist leider
zu klein für so ein großes
Sofa. Also nehmen die Beiden
die Treppen.
Oben angekommen, sagt der
eine zum anderen:
„Du, ich habe eine gute und
eine schlechte Nachricht.
Die Gute: Wir sind endlich
im achten Stock.
Die Schlechte: Wir sind
im falschen Haus.“
```

4. Im Zoo trifft ein 
auf zwei . Fragt die eine
: „Wollen wir kämpfen?“
Sagt der :
„Zwei gegen einen ist unfair.“ ✓✓

2 Welche Schrift konntest du am besten lesen? Trage die Nummer ein: ______.

· verschiedene Schriftarten lesen und beispielhaften Trägermedien zuordnen
· ein Textverarbeitungsprogramm für eigene Textgestaltung nutzen

· FÖ-KV: 8, 9

1 Schreibe eigene Witze am Computer.
Probiere dabei verschiedene Schriftarten aus.
Drucke zwei Witze in unterschiedlicher Schrift aus und klebe sie hier auf.

2 Tausche das Heft mit einem Partnerkind.
Vergleicht eure Witze.

3 Erstellt für die Klasse eine Witzekartei.

Ich kann unterschiedliche Schriften lesen. ☺ 😐

Rückmeldung: ____________________

Im Tandem lesen

1 **Verteilt die Rollen:** Ein Kind ist der Sportler. Ein Kind ist der Trainer.

Der Trainer ist ____________________. Der Sportler ist ____________________.

2 **Lest gemeinsam:** Der Trainer sagt *Start*. Lest den Text beide halblaut.
Der Trainer führt den Finger beim Lesen mit.

Was im Wald geschah
Simon machte mit seinen Eltern einen Spaziergang durch den Wald.
Eigentlich war er heute mit Tom verabredet.
Aber Tom hatte Halsschmerzen und Fieber …

3 **Verbessert euch:** Lest den Text gemeinsam laut. Der Trainer passt auf:
Wenn der Sportler einen Fehler macht und sich nicht verbessert,
sagt der Trainer *Stopp*. Lest den Satz noch einmal gemeinsam.

… Lustlos kickte Simon einen Tannenzapfen zwischen die Bäume.
Der Zapfen landete direkt neben einer träumenden Maus.
Die Maus sprang mit lautem Quieken auf und flüchtete.
Dabei stieß sie mit einer Kröte zusammen.
Die Kröte quakte empört und hüpfte zum Bach …

4 **Werdet sicher:** Lest den Text so mehrmals gemeinsam laut.
Wenn der Sportler sich sicher fühlt, liest er den Text allein vor.

… Dort schreckte sie einen Buchfinken auf,
der gerade einen Schluck Wasser trank.
Der Buchfink flog schimpfend auf den nächsten Baum,
auf dem ein Eichhörnchen mit einer Nuss kletterte.
Das Eichhörnchen ließ die Nuss los. Die Nuss fiel, prallte von einem Ast ab
und landete direkt auf Simons Kopf. Simon schrie: „Au! Wer war das?“
Der weise Uhu, der schläfrig hoch oben im Baum saß, antwortete leise:
„Na ja, das warst du wohl selbst.“

5 **Gebt euch Rückmeldungen:**

1 Lest den Text mehrmals im Tandem.

Nehmt euch auf, wenn ihr euch sicher fühlt.

Ihr könnt die Rollen auch tauschen.

Am Froschweiher

Wenn du Glück hast, kannst du auch heute noch einen Platz in der Natur entdecken, der versteckt und einsam liegt:
eine Waldlichtung, ein Moor oder einen Weiher.
Das Wasser schimmert blau. Es kann aber auch grau sein oder braun oder grün. Gerade so, wie sich Bäume, Himmel oder Wolken darin spiegeln.
In den ersten Frühlingstagen wird es lebendig rund um den Weiher.
Es quarrt und blubbert, es zirpt und sirrt, es raschelt im Schilf.
Wenn die Teichrosen aufgeblüht sind, ist es Sommer.
Die Sonne steht hoch am Himmel.
Die Hitze flirrt. Kein Halm regt sich im Schilf. *[gekürzt]*

Tilde Michels

2 Sucht euch einen Text aus dem Lesebuch aus. Lest ihn im Tandem.
Unser Text hat die Überschrift:

____

Der Trainer ist ______________ . Der Sportler ist ______________ .

Aha!

So lesen wir im Tandem:

1. Wir verteilen die Rollen: Ein Kind ist der Trainer. Ein Kind ist der Sportler.
2. Der Trainer sagt: *Start!* Beide Kinder lesen den Text halblaut.
   Der Trainer führt den Finger beim Lesen mit.
3. Wenn der Sportler einen Fehler macht und sich nicht verbessert,
   sagt der Trainer *Stopp*. Wir lesen den Satz noch einmal.
4. Wir lesen den Text so mehrmals. Fühlt sich der Sportler sicher,
   liest er den Text allein vor.

So üben wir, flüssig zu lesen.

Ich kenne die Methode **Im Tandem lesen.** ☺ 😐

Rückmeldung: ______________________________

Bild- und Textaussagen verknüpfen

1 Lies die Bastelanleitung.

Papprollen-Mumien basteln

Das brauchst du:

- 1 Papprolle
- 1 Mullbinde
- Flüssigkleber
- 1 Pinsel
- schwarze Wasserfarbe
- 2 Wackelaugen

So wird es gemacht:

1. Male die Papprolle schwarz an.
2. Nachdem die schwarze Farbe getrocknet ist, wickle ein bis zwei Lagen der Mullbinde um die Papprolle herum. Lass beim Wickeln eine kleine Stelle für die Wackelaugen frei. Klebe die losen Enden mit Klebstoff fest.
3. Klebe zum Schluss zwei Wackelaugen auf die freigelassene Stelle der Papprolle, sodass ein lustiges Gesicht entsteht.

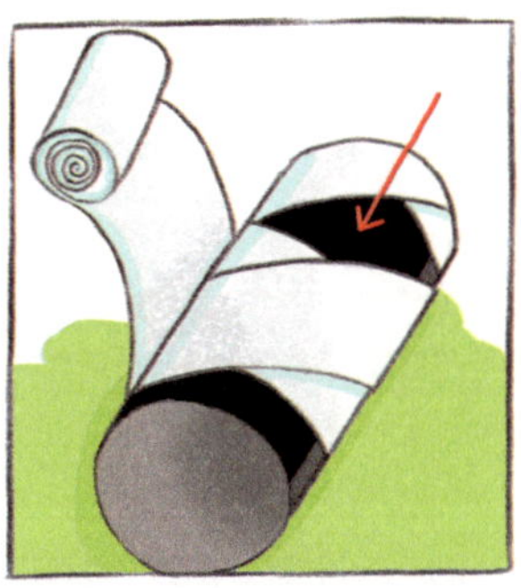

☐ ☐ ☐ ☐

2 Welcher Arbeitsschritt passt zu welchem Bild? Trage die richtigen Nummern ein. Achtung: Ein Bild gehört nicht zu der Bastelanleitung.

· Text- und Bildaussagen vergleichen und zuordnen
· Sätze mit Bildaussagen vergleichen und gezielt einzelne Informationen suchen
· verschiedene Sorten von Sach- und Gebrauchstexten kennen

· FÖ-KV: 12, 13
· zum Beispiel: Seite 147

1 Lies die Aussagen und vergleiche sie mit dem Bild.
Welche Aussagen sind richtig? Kreuze an.

- [ ] Vampir: „Ich trug schwarze Stiefel, als ich zum Einkaufen ging."
- [ ] Fledermaus: „Ich saß mit meinem kleinen Freund Freddy auf dem Teppich und wir haben uns einen Streich ausgedacht."
- [ ] Eiskalte Hand: „Also ich kraulte dem Wolf gerade den Rücken, weil die Flöhe ihn gebissen haben."
- [ ] Hexe: „Meine Katze und ich haben in zwei Fässern gebadet und wollten nicht gestört werden."
- [ ] Mumie: „Ich stand nackig in der Halle, weil Waschtag war und alle meine Mullbinden in der Wäsche waren!"
- [ ] Fleischfressende Pflanze: „Es war viel zu dunkel, denn es brannte nicht eine Kerze!"

Ich kann Bild- und Textaussagen verknüpfen.

Rückmeldung: ____________________

Arbeitsanweisungen verstehen

1 Was macht ihr, wenn ihr eine längere Arbeitsanweisung nicht versteht? Sprecht miteinander.

2 Markiere in jeder Anweisung das Verb, das dir sagt, was du machen sollst. Achtung: In den Anweisungen f–h gibt es zwei solcher Verben.

a) Schreibe den Text in dein Heft.
b) Unterstreiche alle Nomen mit einem roten Stift.
c) Zum Schluss markiere die Namen der Kinder.
d) Übe so alle Wörter und Sätze.
e) Kontrolliere deine Ergebnisse mit einem Partnerkind.
f) Finde zu jedem Verb einen passenden Wortbaustein und bilde damit einen Satz.
g) Schreibe den ersten Satz auf einen Papierstreifen und teile ihn in seine Satzglieder.
h) Überlege, wie die Geschichte weitergehen könnte. Erzähle den Schluss einem anderen Kind.

3 Welches Kind hat die Arbeitsanweisung richtig umgesetzt, welches falsch? Kreuze an.

Finde in der Wörterliste die Personalform der Verben.

Schreibe so: lesen – er liest, ...

lesen fahren
kochen können

		richtig	falsch
Sarah	lesen – Seite 145 , fahren – Seite 143, kochen – Seite 144, können – Seite 144		
Berat	lesen, fahren, kochen, können – er liest, – er fährt, – er kocht, er kann		
Emil	lesen – er liest, fahren – er fährt, kochen – er kocht, können – er kann		

· Arbeitsanweisungen genau lesen, Umsetzung prüfen und gezielt einzelne Informationen suchen
· eine Arbeitsanweisung selbstständig lesen und umsetzen

· FÖ-KV: 14, 15

1 Welche Reihenfolge passt zu der Arbeitsanweisung ?
Trage die richtigen Nummern ein.

Kreise alle Verben ein. Vergleiche dein Ergebnis mit einem Partnerkind.
Schreibe Sätze mit den Verben.

2 Warum hat das Kind die Arbeitsanweisung nicht richtig umgesetzt? Begründe.

Ordne jedem Bild den passenden Tiernamen zu.
Schreibe die Tiernamen in der Einzahl und Mehrzahl mit Artikel auf.
Markiere, was sich in der Mehrzahl verändert.

Katze – Katzen

Giraffe – Giraffen

Das Kind hat die Arbeitsanweisung nicht richtig umgesetzt, weil

____

____

3 Spielt Wörter-Bingo nach der folgenden Spielanleitung.
Markiert zuerst die Verben, die euch sagen, was ihr machen sollt.

Sucht im Wörterbuch nach Verben mit vor- und ver- und schreibt sie in eine Liste. Jedes Kind zeichnet auf ein Blatt Papier 15 Felder und schreibt in jedes Feld ein Wort mit vor- oder ver- von der Liste. Ein Kind liest die Wörter von der Liste durcheinander vor. Hört genau zu und vergleicht, ob eins davon auf einem eurer Felder steht. Kreuzt es an. Wer zuerst drei Wörter in einer Reihe angekreuzt hat, ruft: Bingo!

Ich kann Arbeitsanweisungen verstehen. ☺ 😐

Rückmeldung: ______________________________

Märchenmerkmale erkennen

1 Welche Märchen kennt ihr? Sprecht miteinander.

2 Male die Beispiele passend zu den Märchenmerkmalen aus.

Es wird nicht genau gesagt, wann oder wo etwas passiert.

Märchenfiguren

Besondere Zahlen: 3, 7, 12, 13

Zaubersprüche oder Reime

Märchenschluss

… und sie lebten glücklich
und zufrieden bis ans Ende ihrer Tage.
… und wenn sie nicht gestorben sind,
dann leben sie noch heute.
… sie kehrten fröhlich heim
und lebten fortan zufrieden.

Es war einmal …
Vor langer Zeit, in einem weit
entfernten Land …
Es geschah einmal …

Hexe, Fee, Zwerge, Prinzessin,
König, sprechende Tiere, …

„Tischlein deck dich …“
„Die guten ins Töpfchen,
die schlechten ins Kröpfchen.“
„Im Notfall rufe mich nur immer her,
denn ich bin der Käfer Kneifesehr.“

Hinter den sieben Bergen …
Wenn der Hahn dreimal kräht …
Zwölf Jäger kamen …

· verschiedene Textarten kennen: das Märchen
· Merkmale für Märchen kennen und zuordnen

· FÖ-KV: 16, 17
· zum Beispiel: Seite 46 – 59

3 Lies die Textausschnitte.
Welche Märchenmerkmale findest du? Kreuze an.

					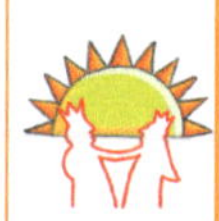
Es geschah einmal, dass ein Mädchen zu den Wichtelmännern kam. Drei Tage bei ihnen sind ein Jahr bei uns.					
„Bei Gott, du bist der klügste Mensch, der mir je begegnete“, sagte der König und hielt um ihre Hand an. Sie lebten glücklich bis ans Ende ihrer Tage.					
Heute back ich, morgen brau ich, übermorgen hol ich mir der Königin ihr Kind.					

4 Suche dir einen Märchentext aus deinem Lesebuch aus.

Das Märchen heißt ______________________________ .

Diese Märchenmerkmale habe ich gefunden:

____

____

Aha!

So überprüfe ich, ob es sich bei einem Text um ein Märchen handelt:
Ich achte auf bestimmte Merkmale:
- Es wird nicht genau gesagt, wann oder wo etwas passiert.
- Es gibt Märchenfiguren.
- Es gibt Zaubersprüche, Reime oder besondere Zahlen 3, 7, 12 oder 13.
- Es gibt einen Märchenschluss.

Dazu brauche ich diese Methode:
Ich kann Texte nach meinen Wünschen auswählen.

Ich kann Märchen erkennen. ☺ 😐

Rückmeldung: ______________________________

Gedichtmerkmale erkennen

Ich brauche für unser Leseprojekt ein Gedicht. Ist das eins?

1 Lest den Text. Ist das ein Gedicht?
Sprecht miteinander und verwendet dabei die Fachwörter.

Wenn die weißen Riesenhasen
abends übern Rasen rasen
und die goldnen Flügelkröten
still in ihren Beeten beten
wenn die schwarzen Buddelraben
tief in ihrem Graben graben
und die feisten Felsenquallen
kichernd in die Fallen fallen –:
dann schreibt man wie jedes Jahr,
den hundertzwölften Januar.

Was? Ihr kennt ihn nicht den Tag?
Schaut mal im Kalender nach!

Robert Gernhardt

Das Gedicht hat ... Überschrift.

Es reimen sich ...

Es ist in ... Strophen unterteilt.

Die Strophen bestehen aus ... Versen.

Der Autor heißt ...

2 Welcher Vorschlag könnte zu dem Gedicht oben passen? Kreuze an.
Unterstreiche die Wörter, die dir bei deiner Entscheidung geholfen haben.

☐ und der wilde Ohrenfrosch
schnarcht und auf der Pforte sitzt

☐ und die nassen Wasserschnecken
gähnend ihre Fühler strecken

☐ und die gelben Kugelmeisen
hoch in ihren Kreisen kreisen

- verschiedene Textarten kennen: das Gedicht
- Gedichte als ästhetische Textform mit sprachlichen und klanglichen Besonderheiten kennenlernen

- FÖ-KV: 18, 19
- zum Beispiel: Seite 21, 35, 47, 67, 130/131 ...

1 Welche Wörter fallen dir in dem Gedicht **Zoologie** besonders auf? Unterstreiche sie.

Zoologie

Der Löwe ist ein Raubtier
Der Laubfrosch ist ein Laubtier
Das Nilpferd ist ein Schnaubtier
Der Käfer ist ein Staubtier
Der Holzwurm ist ein Schraubtier
Das Einhorn ist ein Glaubtier

Wolf Harranth

2 Schreibe eigene Verse zu dem Gedicht **Zoologie**.

Aha!

So erkenne ich ein Gedicht:

- Ein Gedicht ist in Strophen unterteilt. Manche Gedichte haben nur eine Strophe.
- Jede Strophe besteht aus Versen.
- Am Ende der Verse stehen oft Reimwörter. Es gibt auch Gedichte ohne Reimwörter.

Dazu brauche ich diese Methode:
Ich kann Texte nach meinen Wünschen und Interessen auswählen.

Ich kann ein Gedicht erkennen. ☺ 😐

Rückmeldung: ______

Ein Kurvendiagramm lesen

1 Die Klasse 3c hat jeden Tag zehn Minuten freie Lesezeit.
Wie viele Seiten liest Nick an den einzelnen Tagen? Sprecht miteinander.

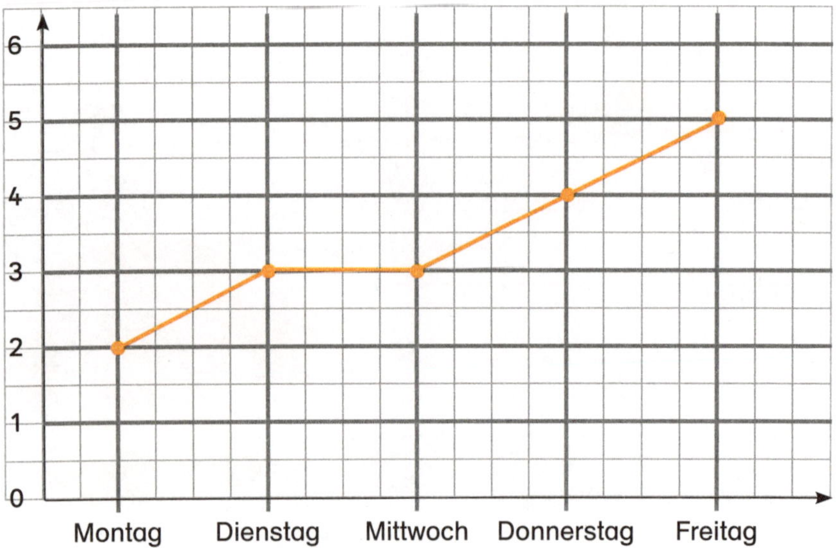

2 Welche Informationen kannst du dem Kurvendiagramm entnehmen? Kreuze an.

	kann ich entnehmen	kann ich nicht entnehmen
Die meisten Seiten hat Nick am Freitag gelesen.		
Nick hat am Dienstag vier Seiten gelesen.		
Mittwochs ist keine freie Lesezeit.		
Am Donnerstag hat Nick doppelt so viele Seiten gelesen wie am Montag.		
Nick hat jeden Tag einige Seiten mehr gelesen.		

3 Welche Vorteile hat das Kurvendiagramm in diesem Fall gegenüber einer Tabelle?
Sprecht miteinander.

… kann man besser erkennen …

… zeigt deutlicher …

… sieht man schneller …

· diskontinuierlichen Texten Informationen entnehmen: Kurvendiagramme

· FÖ-KV: 20, 21
· zum Beispiel: Seite 82, 86/87

1 Erstelle ein Kurvendiagramm für Janna.

Montag: 3 Seiten,
Dienstag: 3 Seiten,
Mittwoch: 4 Seiten,
Donnerstag: 5 Seiten,
Freitag: 5 Seiten

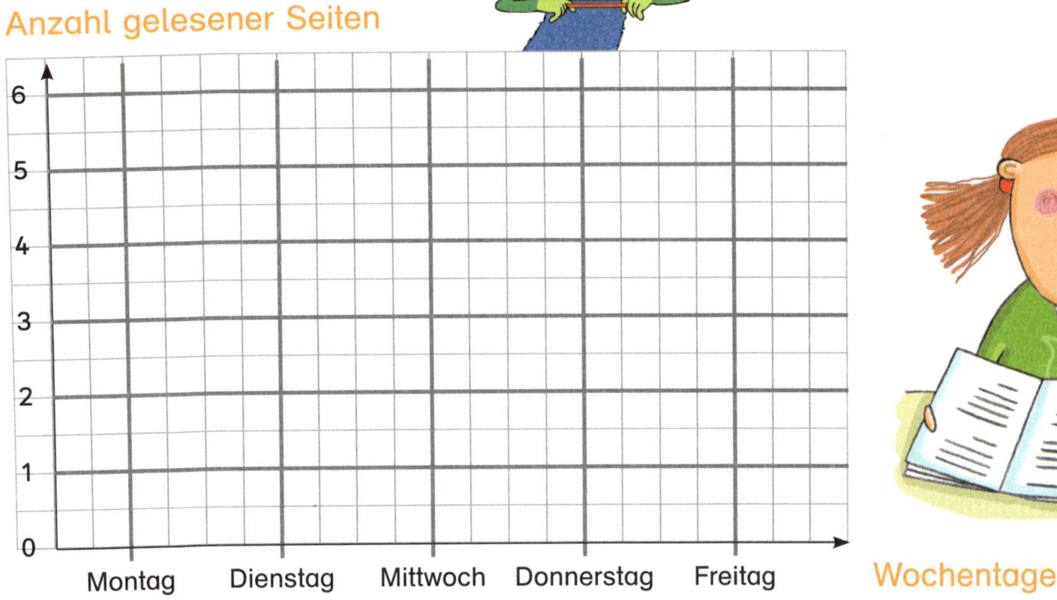

2 Wähle ein Buch aus und lies darin jeden Tag zehn Minuten.
Schreibe auf ein Blatt, wie viele Seiten du täglich liest.
Erstelle ein Kurvendiagramm.

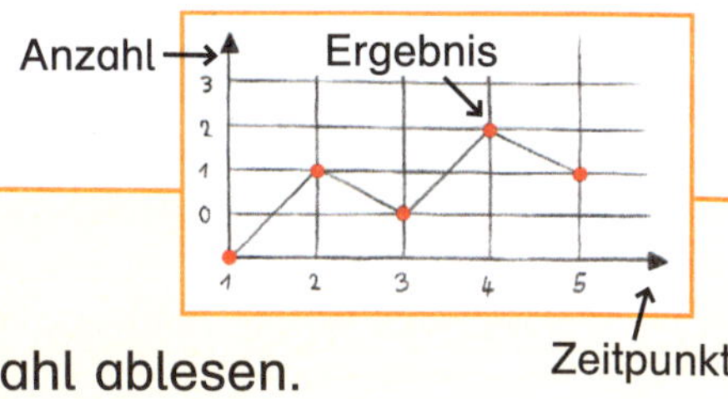

Aha!

So lese ich ein Kurvendiagramm:
- Am linken Rand des Diagramms kann ich die Anzahl ablesen.
- Unten lese ich ab, wann das Ergebnis festgestellt wurde.
- Die einzelnen Ergebnisse werden häufig als Punkte dargestellt.
- Wenn ich die Punkte verbinde, sehe ich den Verlauf.

Dazu brauche ich diese Methode:
In einem Kurvendiagramm kann ich schnell erkennen, wie sich etwas entwickelt hat.

Ich kann ein Kurvendiagramm lesen. ☺ 😐

Rückmeldung: ____________________

Eine Kindersuchmaschine nutzen

1 Lies die Sprechblase. Welches Problem hat Laurin?
Sprecht miteinander.

2 **fragFINN.de** ist eine Suchmaschine für Kinder.
Rufe das Internet auf. Gib in das Adressfeld **www.fragfinn.de** ein.

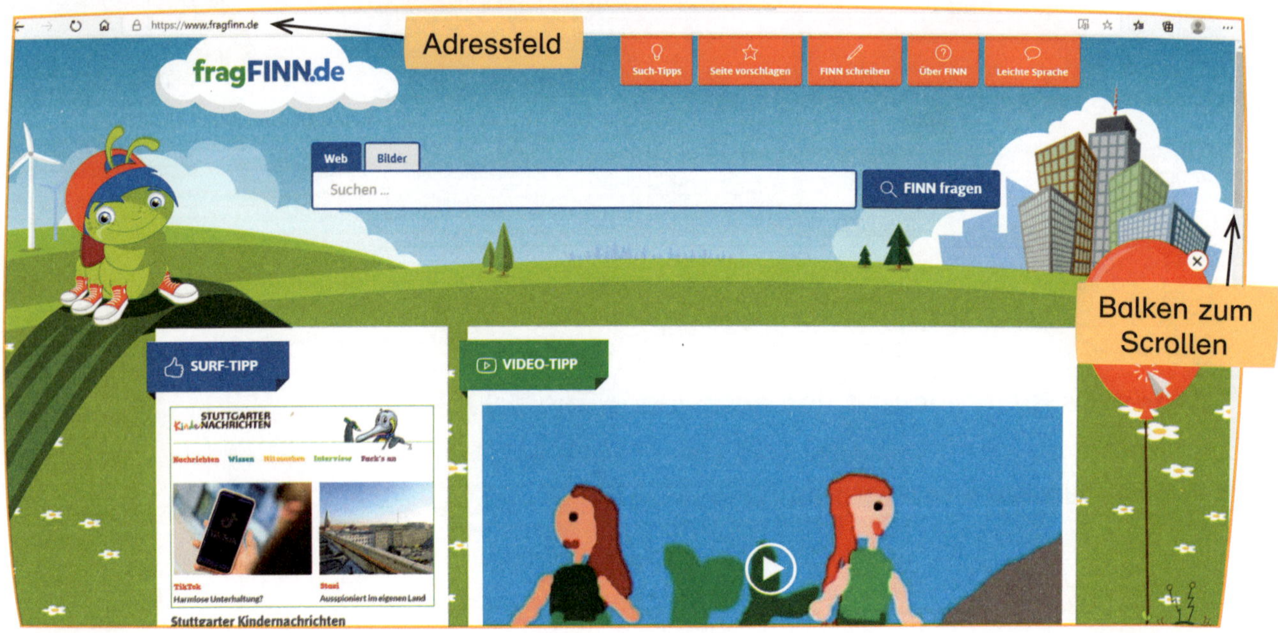

3 Erkunde **fragFINN.de**. Bewege dazu den Balken am rechten Rand nach unten.

4 Welche Überschriften findest du auf der Startseite von **fragFINN.de**?
Kreuze an.

☐ Nachrichten ☐ Surf-Tipp ☐ Video-Tipp ☐ Quiz ☐ Kinofilm
☐ Fotos von dir ☐ Top 10 ☐ Spiele ☐ Thema ☐ Finns Freunde
☐ Finnreporter ☐ Adressen deiner Freunde ☐ fragfinn-Serie

5 Probiere etwas auf der Seite **fragFINN.de** aus.
Was gefällt dir besonders gut? Sprecht miteinander.

· eine Kindersuchmaschine kennenlernen und nutzen
· relevante Quellen identifizieren

· FÖ-KV: 22, 23
· zum Beispiel: Seite 44/45, 66 ...

1 Wenn du etwas im Internet suchst, musst du passende Wörter in das Suchfeld eintragen. Gib auf der Seite **fragFINN.de** das Wort **Honigbiene** ein.

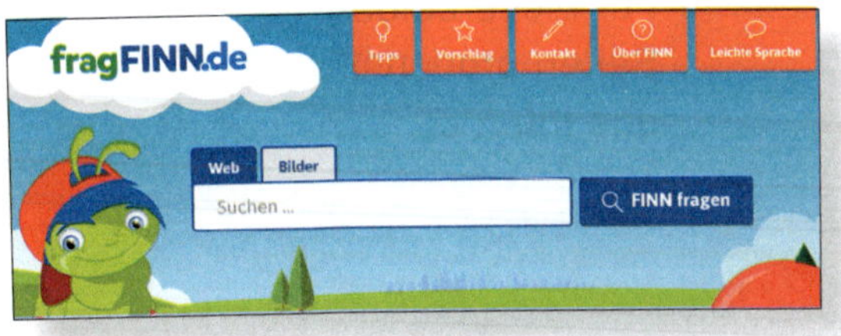

Ein <u>Link</u> ist ein Wegweiser von einer Internetseite zu einer anderen. Das Wort kommt aus dem Englischen und bedeutet übersetzt „Verknüpfung“. Oft erscheinen Links in blauer Farbe und sind unterstrichen.

2 Wenn du auf **FINN fragen** klickst, erscheinen viele Links. Welchen Link zum Thema Honigbienen sollte Laurin als erstes für seinen Vortrag auswählen? Kreuze an und begründe.

☐ 

Die Honigbiene, das fleißige Lieschen – NABU
https://www.nabu.de/tiere-und-pflanzen/insekten-und-spinnen/hautfluegler/bienen/01949.html
Die **Honigbiene** ist etwas ganz besonderes: Sie kann nur im Verband existieren und überleben. Eine einzeln gehaltene **Honigbiene** wird trotz bester Haltung und Pflege schon nach kurzer Zeit sterben

☐ 

Bienen – Klexikon – Das Freie Kinderlexikon
https://klexikon.zum.de/wiki/Bienen
Bienen Aus Klexikon – Das Freie Kinderlexikon Wechseln zu: Navigation, Suche Eine **Honigbiene** sucht

☐ 

Folgenübersicht Die Biene Maja – KiKA
https://www.kika.de/die-biene-maja/buendelgruppe1756_page-0_zc-6615e895.html
Folgenübersicht Die **Biene Maja**
Menu SENDUNGEN VIDEOS SELBERMACHEN SPIELEN MACH MIT FÜR ERWACHSENE
Folgenübersicht Die **Biene**

Begründung:

___

___

Aha!

So nutze ich eine Suchmaschine für Kinder:

- Ich gebe den Namen einer Suchmaschine für Kinder in das Adressfeld ein, z.B. <u>www.fragfinn.de</u>, <u>www.blinde-kuh.de</u>, <u>www.helles-koepfchen.de</u>.
- Ich gebe einen Suchbegriff in das Suchfeld ein.
- Ich verschaffe mir einen Überblick über die angezeigten Links.
- Ich wähle einen Link nach meinen Wünschen und Interessen aus.

Dafür brauche ich diese Methode:
Ich kann eine Suchmaschine nach meinen Wünschen und Interessen nutzen.

Ich kann eine Suchmaschine für Kinder nutzen. ☺ 😐

Rückmeldung: ___

Überfliegend lesen

1 Welche Fragen stellt sich Paul? Welche Fragen sind für Hanna interessant? Kreuze an.

	Hanna	Paul	stellt sich die Frage:
1			Wie sehen Rotfüchse aus?
2			Wie viele Junge bekommen Rotfüchse?
3			Was fressen Hirsche im Winter?
4			Wo wohnen Rotfüchse?
5			Welche Vögel bleiben im Winter bei uns?
6			Welche Tiere legen einen Wintervorrat an?
7			Was fressen Rotfüchse?
8			Welche Tiere nehmen im Winter keine Nahrung zu sich, weil sie Winterschlaf halten?

2 Lies erst nur die Überschrift auf Seite 25 und schau dir die Bilder an.
Lies dann die fett gedruckten Textteile in jedem Abschnitt.

3 Welches der Kinder sollte den Text auf Seite 25 gründlich lesen?

☐ Hanna ☐ Paul

· Verfahren zur ersten Orientierung über einen Text kennen und anwenden

· FÖ-KV: 24, 25
· eignet sich für Sach- und Erzähltexte im Lesebuch

Unsere Waldbewohner

In unseren Wäldern ist der Rotfuchs heimisch.

Der Rotfuchs hat ein oranges bis rotbraunes Fell. Sein Hals, die Brust, der Bauch und die Schwanzspitze sind weiß. Die Rückseite der Ohren und die Beine sind schwarz.

Der Rotfuchs wohnt in einer Höhle unter der Erde. Diese Höhle nennt man Bau. Der Bau besteht aus einem Hauptraum und mehreren Gängen. Der Hauptraum heißt Kessel. Einen der Gänge benutzen die Füchse als Ein- und Ausgang. Die anderen Gänge sind Fluchttunnel.

Rotfüchse bekommen vier bis sechs Junge im Jahr. Man nennt sie Fuchswelpen. Die Fuchswelpen werden mit geschlossenen Augen geboren und haben ein flauschiges, graubraunes Fell. Nach einem Monat verlassen sie erstmals ihren Bau.

4 Auf welche Fragen aus Aufgabe 1 auf Seite 24 findet Hanna im Text eine Antwort?

Trage die Nummern ein: ____________________

5 Für welche Frage aus Aufgabe 1 auf Seite 24 muss Hanna noch einen anderen Text lesen?

Trage die Nummern ein: ____________________

Aha!

So lese ich überfliegend:
- Ich überlege, was ich in dem Text erfahren möchte.
- Ich stelle Fragen an den Text.
- Ich lese erst nur die Überschrift und schaue die Bilder zum Text an.
- Ich lese nur den Anfang der einzelnen Abschnitte.

Dazu brauche ich diese Methode:
Ich erkenne, worum es in einem Text geht. So kann ich schnell entscheiden, ob ich ihn gründlich lesen möchte.

Ich kenne die Methode **Überfliegend lesen.**

„ ... die sie zu tollen Begleitern für uns machen.“ Das ist ein langer Satz. Ich habe ihn nicht verstanden.

1 Was kann das Kind machen, um den Satz besser zu verstehen? Kreuze an.

- [ ] einen leichteren Text suchen
- [ ] den Satz noch einmal lesen
- [ ] den Satz auslassen

2 Lies die Sätze. Entscheide dann, welche Aussage passt. Kreuze an.

Tiere im Einsatz

Felix ist das Schwein von Daan und gemeinsam fahren sie zu kranken Menschen nach Hause.

- [ ] Das Schwein wiegt 85 Kilogramm.
- [ ] Felix hat eine Steckdose im Gesicht.
- [ ] Daan und Felix fahren zu kranken Menschen.

Peppa ist ein Zwergkaninchen und besucht einmal in der Woche die Bewohner des Altenheims St. Josef.

- [ ] Peppa wird mit Apfelstücken gefüttert.
- [ ] Einmal in der Woche besucht das Kaninchen die Bewohner.
- [ ] Das Zwergkaninchen wohnt im Altenheim St. Josef.

Kalle hat ein tolles Gespür für ängstliche Menschen und ist deshalb zu einem Therapiepferd ausgebildet worden.

- [ ] Kalle ist ein tolles Reitpferd.
- [ ] Therapiepferde sind besondere Tiere.
- [ ] Die Angst von Menschen spürt Kalle sofort.

· Texte genau lesen, gezielt einzelne Informationen erfassen

· FÖ-KV: 26, 27
· eignet sich für Sach- und Erzähltexte im Lesebuch

1 Lies den Text genau. Lies die Sätze, die du nicht verstanden hast, noch einmal.

Hunde mit Berufen

Manche Hunde leben nicht nur einfach als Haustier mit uns Menschen, einige haben auch richtige Berufe. So gibt es zum Beispiel Schulhunde, Blindenhunde, Spürhunde, Warnhunde für kranke Menschen oder Suchhunde. Diese Hunde zeigen Ausdauer, sind nicht aggressiv und spielen gern. Seit seinem fünften Lebensjahr hat Erik einen Blindenhund. Dieser begleitet ihn überallhin. Er zeigt zum Beispiel an, wenn ein Hindernis im Weg liegt und führt Erik sicher über die Straße. Lilli ist ein Suchhund. Ihre Aufgabe ist es, nach einem Erdbeben oder einer Lawine nach verschütteten Menschen zu suchen. Berry arbeitet als Spürhund beim deutschen Zoll am Flughafen in Hamburg. Er spürt Schmuggelware auf. Dazu gehören nicht nur getrocknete Korallen, sondern manchmal auch kleine lebendige Tiere, die in Koffern versteckt wurden.

2 Überprüfe jetzt, ob du den Text verstanden hast.
Sind die Aussagen richtig oder falsch? Kreuze an und trage das Lösungswort ein.

	☺	☹
Es gibt Warnhunde.	T	E
Berry arbeitet in Hamburg am Flughafen.	I	U
Erik ist ein Blindenhund.	T	E
Suchhunde werden beim Zoll nicht eingesetzt.	R	E
Auch Hunde können Berufe haben.	E	N

Lösungswort: _____ _____ _____ _____ _____

Aha!

So lese ich einen Text genau:
- Ich lese den Text.
- Wenn ich Sätze nicht verstehe, lese ich sie noch einmal.

Dazu brauche ich diese Methode: Ich kann Texte besser verstehen.

Ich kenne die Methode **Genau lesen.** ☺ 😐

Rückmeldung: ______________________________

Unbekannte Wörter klären

1 Lies den Text. Markiere Wörter, die du nicht kennst, mit einer Schlangenlinie.

Mit heißer Luft nach oben

Am 4. Juni 1783 versammelten sich viele Menschen auf dem Marktplatz von Annonay. Das ist ein Ort in Frankreich. Sie trauten ihren Augen nicht. Die Brüder Montgolfier hielten einen riesigen Ballon über ein loderndes Feuer. Plötzlich bewegte sich der Ballon lautlos und schwebte in den Himmel. So war es damals, als der erste Ballon in den Himmel stieg.

Wenn ein Heißluftballon heute steigen soll, muss man die Luft im Inneren des Ballons mit einem Brenner erwärmen.

Wenn der Ballon sinken soll, öffnet man den Parachute. Das ist ein kleiner Schirm ganz oben auf dem Ballon. Er verschließt die Ballonhülle wie ein Deckel. Wenn der Parachute geöffnet wird, entströmt die heiße Luft. Der Ballon sinkt.

Die Ballonhülle ist riesig und besteht aus einem Material, das keine Luft durchlässt. Damit der Ballon stabil ist, werden Lastgurte in die Ballonhülle eingenäht. An den Lastgurten werden auch die Tragseile für den Korb befestigt.

2 Milad kennt ein paar Wörter aus dem Text nicht. In welchen Zeilen stehen diese Wörter?

loderndes steht in Zeile ____

Annonay steht in Zeile ____

Brenner steht in Zeile ____

Parachute steht in Zeile ____ und in Zeile ____

· Verstehenshilfen anwenden: aus dem Text, nachfragen, nachschlagen
· Texte genau lesen und gezielt einzelne Informationen suchen

· FÖ-KV: 28, 29
· zum Beispiel: Seite 11, 83–85.

3 Wo findet Milad bei der Klärung dieser Wörter Hilfe? Kreuze an.

	Er muss im Text nachlesen.	Er muss sich das Bild genau ansehen.	Er muss jemanden fragen oder das Wort nachschlagen.
loderndes			
Annonay			
Brenner			
Parachute			

4 Findet heraus, was die Wörter aus Aufgabe 3 bedeuten.
Erklärt sie euch gegenseitig.

5 Vermute, was das Wort **stabil** im Text in Zeile ___ auf Seite 28 bedeutet.
Ich vermute, **stabil** bedeutet …

☐ schnell. ☐ fest und haltbar. ☐ schön.

6 Hast du noch ein anderes Wort im Text entdeckt, das du nicht kennst?
Finde heraus, was es bedeutet.

Ich kannte das Wort ______________________ nicht.

Es bedeutet ______________________.

Aha!

So kläre ich unbekannte Wörter:
Wenn ich Wörter finde, die ich nicht kenne,
- prüfe ich, ob die Wörter im Text erklärt werden.
- sehe ich mir die Bilder oder Zeichnungen zum Text an.
- schlage ich die Wörter nach oder frage jemanden.

Dazu brauche ich die Methode:
Ich kann den Text besser verstehen.

Ich kenne die Methode **Unbekannte Wörter klären**. ☺ 😐

Rückmeldung: ______________________

Wichtige Informationen finden

1 Lies den Text.

So funktioniert eine Suchmaschine

Das Internet hat viel mehr Seiten, als es Bücher in einer Bibliothek gibt. Internetseiten zu einem bestimmten Thema zu finden, könnte ganz schön schwierig sein. Hier hilft dir eine Suchmaschine.

Eine Suchmaschine hat meist ein Suchfeld. In dieses Suchfeld kannst du ein Wort oder mehrere Wörter zu einem Thema eintippen.
Das sind die Suchwörter.
Wenn du zum Beispiel etwas über Ameisen wissen möchtest, gibst du das Wort Ameisen in das Suchfeld ein.
Anschließend klickst du auf „Suchen“.
Häufig wird neben dem Suchfeld eine kleine Lupe angezeigt.
Diese Lupe bedeutet ebenfalls „suchen“.

Kurz nachdem du die Suche gestartet hast, werden dir passende Links angezeigt. Links sind Verbindungen zu Seiten, die zu deinem Suchwort passen. Du musst sie anklicken, um zu der gesuchten Seite zu gelangen.

Es gibt auch Suchmaschinen speziell für Kinder: Blinde Kuh zum Beispiel oder fragFINN. Diese Suchmaschinen leiten dich auf kostenlose und werbefreie Seiten. Sie sind sicher und für Kinder und Jugendliche verständlich.

2 Jonas möchte die Namen der Suchmaschinen für Kinder schnell im Text wiederfinden. Was hat er beim Markieren falsch gemacht? Sprecht miteinander.

Du musst sie anklicken, um zu der gesuchten Seite zu gelangen.
Es gibt auch Suchmaschinen speziell für Kinder: Blinde Kuh zum Beispiel oder fragFINN. Diese Suchmaschinen leiten dich auf kostenlose und werbefreie Seiten. Sie sind sicher und für Kinder und Jugendliche verständlich.

3 Markiere im Text **So funktioniert eine Suchmaschine** so, dass du die Namen der Suchmaschinen für Kinder schnell wiederfindest.

- gezielt einzelne Informationen suchen und markieren
- Fragen an einen Text stellen

- FÖ-KV: 30, 31
- zum Beispiel: Seite 16-18, 90, 112, 126 ...

4 Luisa stellt eine **W**-Frage. Markiere Jonas Kurzantwort im ersten Abschnitt des Textes **So funktioniert eine Suchmaschine.**

Was hilft mir dabei, Internetseiten zu einem bestimmten Thema zu finden?

eine Suchmaschine

5 Finde die Kurzantworten im Text und schreibe sie in die Sprechblasen.

Was bedeutet die Lupe am Ende des Suchfeldes?

____

Wo wird eine kleine Lupe angezeigt?

____

6 Markiere die Kurzantworten aus Aufgabe 5 im Text.

Was? **W**o? **W**ann? **W**ie?

7 Stelle selbst eine **W**-Frage zum Text und markiere die Kurzantwort im Text.

____

____

____

Aha!

So finde ich wichtige Informationen in einem Text:

- Ich lese den Text.
- Ich stelle W-Fragen an den Text.
- Ich markiere die Kurzantworten im Text.

Dazu brauche ich die Methode:

Ich kann wichtige Informationen im Text schneller wiederfinden.

Ich kenne die Methode **Wichtige Informationen finden.**

Rückmeldung: ______________________________

Zwischenüberschriften finden

1 Lies den Text.

Fieber

Die normale Körpertemperatur eines Menschen beträgt ungefähr 37 Grad Celsius. Wenn das Fieberthermometer zwischen 37,5 und 38 Grad Celsius anzeigt, nennt man das erhöhte Temperatur. Wenn die Temperatur höher als 38 Grad Celsius ist, spricht man von Fieber.

Fieber ist keine Krankheit. Und trotzdem ist man krank, wenn man Fieber hat. Wie kommt das? Das Gehirn überwacht die Temperatur ständig. Wenn Krankheitserreger in den Körper gelangen, bekommt das Gehirn eine Meldung: „Achtung! Eindringlinge! Abwehrprogramm starten!“ Man bekommt Schüttelfrost. Der Körper zittert sich warm. Die Körpertemperatur steigt.

Fieber ist nicht angenehm, aber es ist wichtig. Es sorgt dafür, dass der Körper bestimmte Blutzellen bildet. Diese Blutzellen zerstören die Krankheitserreger.

Fieber ist aber auch sehr anstrengend für den Körper. Wenn man Fieber hat, sollte man sich ausruhen. Außerdem muss man viel trinken. Wenn das Fieber zu hoch wird, sollte man es senken.

2 Zähle die Textabschnitte.

Der Text ist in ______ Abschnitte unterteilt.

· Verstehenshilfen nutzen: Texte zerlegen
· zentrale Aussagen erfassen

· FÖ-KV: 32, 33
· zum Beispiel: Seite 22/23, 36/37, 76/77, 170 ...

3 Diese Zwischenüberschriften gehören zu den ersten drei Abschnitten des Textes **Fieber**. Markiere sie in den Farben der passenden Textabschnitte.

Fieber erkennen | **Fieber ist wichtig** | **So entsteht Fieber**

4 Vergleicht eure Ergebnisse aus Aufgabe 3.

5 Schreibe die Zwischenüberschriften aus Aufgabe 3 über die passenden Textabschnitte.

6 Welche Aussage ist richtig? Kreuze an.

Eine Zwischenüberschrift …

- ☐ sagt kurz, wovon der Textabschnitt handelt.
- ☐ enthält meine Meinung zum Text.
- ☐ ist möglichst lustig oder spannend.

7 Schreibe eine passende Zwischenüberschrift über den vierten Textabschnitt.

8 Lege deinen Finger ganz schnell auf den Textabschnitt, in dem beschrieben wird, wie Fieber entsteht.

9 Wobei helfen dir Zwischenüberschriften? Erkläre.

Mit Zwischenüberschriften …

Ich kann mich …

Zwischenüberschriften helfen mir, …

Aha!

So finde ich Zwischenüberschriften:

- Ich lese jeden Textabschnitt.
- Ich überlege, worum es in dem Abschnitt geht.
- Ich schreibe eine Zwischenüberschrift auf. Diese sagt kurz, wovon der Abschnitt handelt.

Dazu brauche ich die Methode:

Ich kann mich besser im Text zurechtfinden.

Ich kenne die Methode **Zwischenüberschriften finden.** ☺ 😐

Rückmeldung: ____________________

Informationen in einer Mindmap darstellen

1 Lies den Text.

Roboter

Es gibt keine Beschreibung, die auf alle Roboter zutrifft. Dafür gibt es zu viele verschiedene. Aber alle sind Maschinen, die hergestellt und programmiert werden. Sie führen bestimmte Bewegungen aus und nehmen Menschen so Arbeit ab.

Die Aufgaben von Robotern sind vielfältig. Sie können schwere Sachen anheben, fliegen oder auch Farben und Formen erkennen. Roboter werden vor allem in Fabriken eingesetzt. Dort führen sie immer gleiche Bewegungen aus. Sie biegen zum Beispiel Bleche für Autos oder heben ein Teil von einer Seite auf die andere. Es gibt auch Roboter, die im Haushalt helfen oder im Restaurant bedienen.

Ein bekannter Roboter, der in der Forschung eingesetzt wird, ist der Marsroboter Curiosity. Beliebte Spielzeugroboter sind die Aibos Roboterhunde aus Japan.

Roboter werden auch häufig in Geschichten und Filmen erwähnt, die in der Zukunft spielen. Einige fliegen dabei durch das Weltall. Bekannte Roboter in Filmen und Büchern sind zum Beispiel C3PO aus „Star Wars", Wall-E, der auf der verlassenen Erde den zurückgelassenen Müll aufräumt oder Orbi aus „Orbis Abenteuer – ein kleiner Roboter büxt aus".

2 Trage das Thema der Mindmap zum Text auf Seite 34 in der Mitte ein.

3 Die Oberbegriffe der einzelnen Textabschnitte sind farbig markiert.
Markiere im Text auch die wichtigen Unterbegriffe in der passenden Farbe.

4 Zeichne und ergänze die Ober- und Unterbegriffe in der Mindmap.

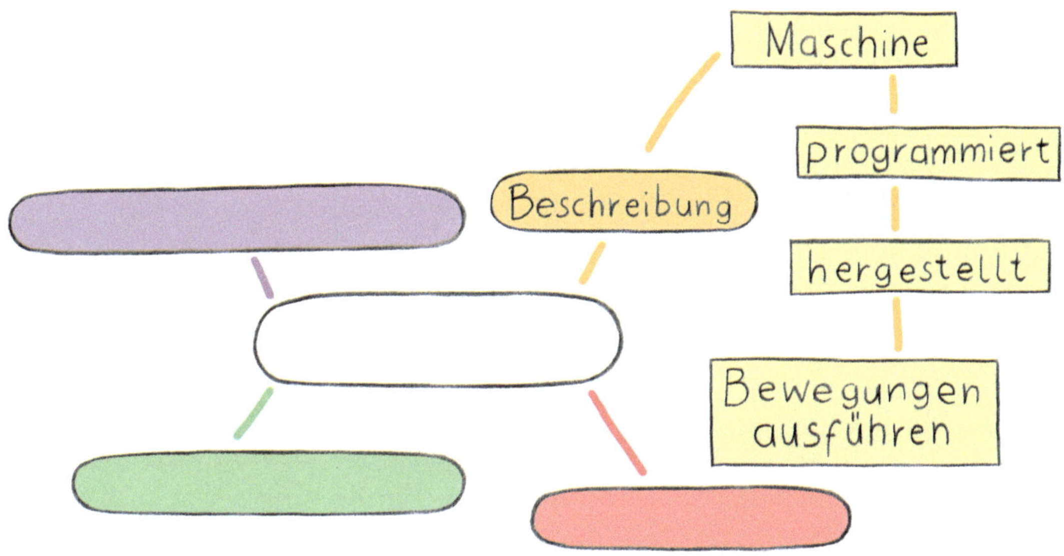

5 Stelle deine Mindmap einem anderen Kind vor.

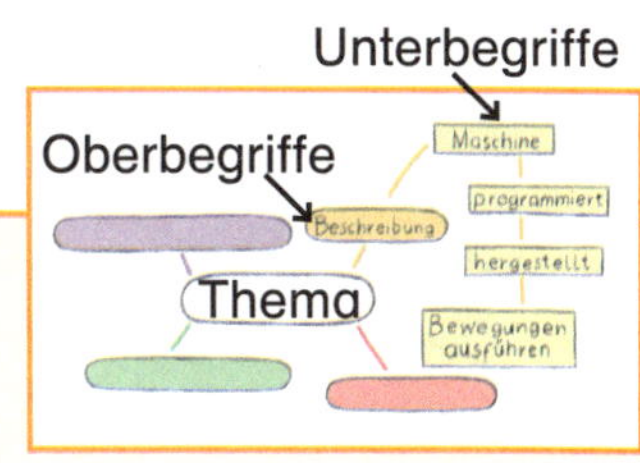

Aha!

So erstelle ich eine Mindmap:

- Ich schreibe das Thema in die Mitte.
- Darum herum schreibe ich Oberbegriffe und verbinde sie mit dem Thema.
- Zu jedem Oberbegriff suche ich Informationen, das sind die Unterbegriffe.
- Ich verbinde sie mit den Oberbegriffen.
- Statt Wörtern kann ich auch eine Zeichnung oder ein Bild einfügen.

Dazu brauche ich diese Methode:
In einer Mindmap kann ich Informationen schnell zusammenfassen und übersichtlich darstellen.

Ich kenne die Methode **Informationen in einer Mindmap darstellen.** ☺ 😐

Rückmeldung: ______________________

Eine Geschichte nacherzählen

1 Was müsst ihr beachten, wenn ihr eine Geschichte nacherzählt? Sprecht miteinander.

Eric, das Schaf

Wer kommt in der Geschichte vor?

Wo spielt die Geschichte?

Was geschieht am Anfang?

Als mal wieder alle Schafe auf der Weide grasten, machte Eric, das Schaf, etwas, das Schafe meistens nicht tun: Er betrachtete den Himmel. Lange schaute er auf die vorbeiziehenden Wolken und stutzte. „Was ist so weiß und flauschig und bewegt sich da am Himmel?“, dachte er. „Sind das fliegende Schafe? Ich will sie kennenlernen! Aber wie? Ich bin hier unten und die sind da oben.“

Dann schaute Eric auf die Schafherde und hatte eine Idee: Er erzählte den anderen Schafen, was er vorhatte, und sie halfen ihm. Ein Schaf stieg auf das andere, ein weiteres obendrauf, und so weiter, bis sie zu einem riesigen Schafturm geworden waren. Zuallerletzt kletterte Eric Schaf für Schaf bis ganz nach oben. Nun war er den Wolkenschafen schon viel näher! Den untersten Schafen wurde die Last langsam zu schwer. Der Turm begann zu wanken und zu schwanken: Padam, pabum, padautz plumpsten alle Schafe herunter auf die Wiese.

Wie geht es weiter?

„Schade“, sagte Eric, „wir werden wohl nie zu den Wolkenschafen kommen. Aber das ist auch nicht schlimm, denn wir haben einen so großen Turm gebaut und hatten einen Riesenspaß!“ *[gekürzt]*

Wie endet die Geschichte?

Günther Jakobs

2 Lies den Text **Eric, das Schaf** und markiere Wo die Geschichte spielt.

3 Zeichne am Textrand passende Klammern:
- Wie geht es weiter?
- Wie endet die Geschichte?

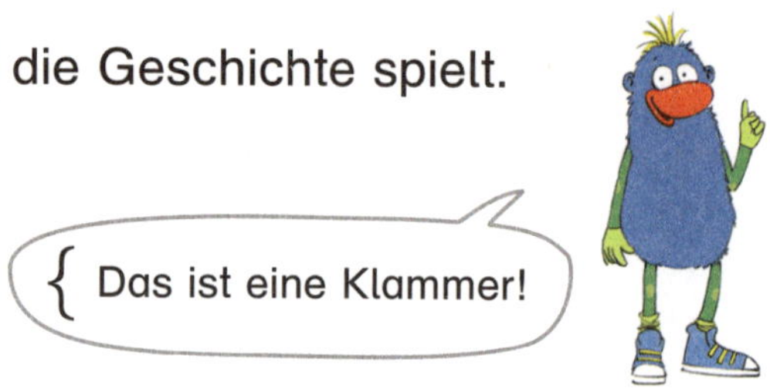

· einen Text zusammenfassend präsentieren

· FÖ-KV: 36, 37
· zum Beispiel: Seite 29–31, 127–129, 169, 136/137 ...

4 Ergänze die Karten mit passenden Stichwörtern.

Wer kommt in der Geschichte vor?

___

Wo spielt die Geschichte?

___

Was geschieht am Anfang?

- Eric sieht Wolken, fragt sich „sind das fliegende Schafe"?
- will nach oben

Wie geht es weiter?

___

___

Wie endet die Geschichte?

___

5 Erzähle einem anderen Kind, worum es in dem Text geht.

Eric stand mit den anderen Schafen auf einer Weide. Eines Tages … Da hatte er eine Idee … Am Ende …

Aha!

So erzähle ich eine Geschichte nach:

- Ich überlege: Wer kommt in der Geschichte vor? Wo spielt die Geschichte? Was geschieht am Anfang? Wie geht es weiter? Wie endet die Geschichte?
- Ich schreibe Antworten in Stichwörtern auf.
- Ich erzähle die Geschichte mithilfe der Stichwörter nach.

Dazu brauche ich diese Methode:

Ich kann überprüfen, ob ich eine Geschichte verstanden habe.

Ich kenne die Methode **Eine Geschichte nacherzählen.** ☺ 😐

Rückmeldung: ___

Eine Figur beschreiben

1 Lies den Text.

Die Lüge

Frankie hat gelogen. Es ist keine zwei Tage her. Frankie hat seiner Mutter erzählt, dass ihm ein Junge die Sporttasche geklaut hat. Nach der Schule. Einfach so. Das war vorgestern. An einem Donnerstag. Die Wahrheit aber ist, dass Frankie die Sporttasche im Bus vergessen hat. Er ist ausgestiegen, und erst als der Bus davon fuhr, hat sich Frankie an seine Sporttasche erinnert. Da war der Bus schon um die Ecke gebogen, und es hat auch nichts gebracht, dass Frankie ihm zwei Ecken weit hinterhergelaufen ist. Die Sporttasche war verschwunden mit Turnschuhen und Turnhosen und einer Flasche Apfelsaft. Frankie konnte seiner Mutter nicht die Wahrheit sagen. Er hat sich geschämt, weil er so dumm und vergesslich gewesen ist. Er wollte nicht, dass seine Mutter ihn für dumm und vergesslich hielt. Dann hat am selben Tag das Telefon geklingelt. Ein Mann hat gesagt, er habe im Bus eine Sporttasche mit Frankies Namen gefunden. Ob Frankies Mutter sie abholen kommen könnte. Frankies Mutter hat sich ins Auto gesetzt und die Sporttasche abgeholt. Frankie hat in der Zwischenzeit zu Hause gewartet. Es war ihm so peinlich, als seine Mutter wieder zurückgekommen ist. Sie hat ihm die Sporttasche gereicht und gesagt: „Wahrscheinlich hat der Junge deine Tasche im Bus liegen gelassen, weil nichts Wertvolles drin war.“ „Ja, wahrscheinlich“, hat Frankie gemurmelt und sich noch mehr geschämt. Er ist danach in sein Zimmer gegangen und hat sich aufs Bett fallen lassen. Frankie hat sich gefühlt wie ein großer Ballon, der ein geheimes Loch hat und dem langsam die ganze Luft entweicht.

Zoran Drvenkat

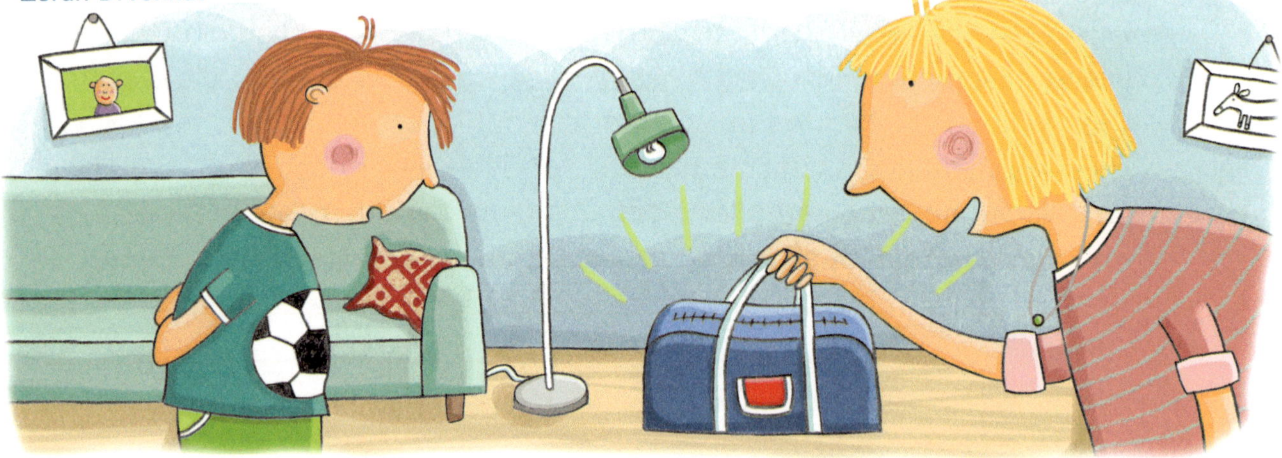

- zentrale Aussagen eines Textes erfassen und wiedergeben
- Figuren beschreiben, verschiedene Perspektiven einnehmen und bewerten

- FÖ-KV: 38, 39
- zum Beispiel: Seite 12/13, 38/39, 96/97, 139–141 ...

2 Erzählt, was in dem Text passiert.

3 Was macht Frankie, um seine Tasche wiederzubekommen? Markiere im Text.

4 Warum sagt Frankie seiner Mutter nicht die Wahrheit? Kreuze an.

	richtig	falsch
Er schämt sich.		
Er hat es vergessen.		
Er will lügen.		
Er hat die Tasche verschenkt.		
Seine Mutter soll ihn nicht für dumm halten.		

5 Wieso schämt sich Frankie am Ende der Geschichte noch mehr?

6 Wie hättet ihr an Frankies Stelle gehandelt? Sprecht miteinander.

Wieso sagt er nicht …?

Ich verstehe Frankie, weil …

Ich würde …

An Frankies Stelle …

Ich hätte auch …

Ich habe auch schon …

Aha!

So beschreibe ich eine Figur:

- Ich suche und markiere Textstellen, die die Figur und ihre Fähigkeiten und Eigenschaften beschreiben.
- Ich denke über ihr Verhalten nach und bilde mir dazu eine Meinung.

Dazu brauche ich diese Methode: Ich lerne eine Figur besser kennen.

Ich kann eine Figur beschreiben. ☺ 😐

Rückmeldung: ______

Mit anderen über einen Text sprechen

1 Lies den Text.

Der Löwe und die Maus

Eine Maus lief über einen schlafenden Löwen. Der Löwe erwachte und ergriff sie mit seinen gewaltigen Tatzen.

„Bitte, verzeihe mir meine Unvorsichtigkeit“, flehte die Maus, „und schenke mir mein Leben, ich werde dir sicher irgendwann helfen können.“

Der Löwe schenkte ihr die Freiheit, aber er spottete: „Wie kann denn wohl ein Mäuschen einem Löwen helfen?“

Kurze Zeit darauf hörte die Maus ein fürchterliches Gebrüll. Neugierig lief sie dahin, von wo das Geräusch kam. Sie fand den Löwen, der in einem großen Netz gefangen war.

Sogleich eilte die Maus zu ihm und zernagte einige Knoten des Netzes, sodass der Löwe mit seinen Tatzen das übrige Netz zerreißen konnte.

So konnte die Maus dem Löwen doch noch helfen.

nach Äsop

2 Erzählt, worum es in dem Text geht.

In dem Text läuft eine Maus …

Es geht um einen Löwen und eine …

Der Text handelt von …

3 Bilde dir eine Meinung. Was könnte der Löwe gelernt haben?

4 Wie könntest du deine Meinung begründen? Schreibe auf.

- eigene Gedanken zu Texten entwickeln
- zu Texten Stellung nehmen und mit anderen über Texte sprechen
- verschiedene Textarten kennenlernen: die Fabel

- FÖ-KV: 40, 41
- zum Beispiel: Seite 12/13, 63, 68/69, 148 …

5 Sprecht über eure Meinungen aus Aufgabe 3 und 4 auf Seite 40.

Ich glaube, der Löwe hat gelernt, dass …

Warum meinst du, dass …

Ich vermute auch, dass …

Ich bin anderer Meinung, weil …

In den Zeilen _____ steht die Begründung für …

6 Überlege nach dem Gespräch, ob du bei deiner Meinung bleibst oder ob du sie ändern möchtest.

☐ Ich bleibe bei meiner Meinung.

☐ Ich ändere meine Meinung. Ich meine jetzt,

dass ______________________________

____

7 Wählt einen Text aus dem Lesebuch aus.
Jeder bildet sich eine Meinung zum Text. Sprecht miteinander.

Der Text steht im Lesebuch auf Seite ________ .

Er hat die Überschrift ______________________________ .

Aha!

So spreche ich mit anderen über einen Text:
- Ich bilde mir eine Meinung zum Text und überlege, wie ich sie begründe.
- Ich spreche mit anderen und höre mir die Meinungen genau an.
- Im Gespräch kann ich begründen, nachfragen, zustimmen oder widersprechen.
- Nach dem Gespräch überdenke ich meine Meinung.

Dazu brauche ich diese Methode:
Ich kann erfahren, wie andere über den Text denken. Dadurch kann ich meine Meinung überdenken und den Text noch besser verstehen.

Ich kenne die Methode **Mit anderen über einen Text sprechen.** ☺ 😐

Rückmeldung: ______________________________

Einen Text ausdrucksstark vorlesen

1 Schreibe zwei Tipps in die Sprechblase. Vergleicht eure Ergebnisse.

Wie kann ich vorlesen, sodass die anderen mir interessiert zuhören?

2 Lest den Text. Erzählt, worum es in dem Text geht.

Ein Monster in meinem Haus

In meinem Zimmer ist ein Monster,
pscht, sei leise, bitte! Lausch,
hörst du seine Schritte?
Und sag mir, siehst du's auch?

In meiner Küche ist ein Monster,
hilf mir doch, oh weh,
sonst werde ich ganz sicher
gleich Monster-Frikassee.

Am Esstisch hockt ein Monster,
ich glaub, es will was fressen.
Was soll ich ihm bloß geben?
oje, doch nicht mein Leben!

Im Wohnzimmer das Monster,
es versteckt sich nicht mal mehr,
ÜBERALL DIES MONSTER -
guck doch! Etwas näher …

näher … näher …
Huch, zu nah!
Pscht, da ist es!
DA!
M o n s T e r!!! *[gekürzt]*

The Umbilical Brothers

3 Wie möchtest du den Text vorlesen? Ergänze die Vorlesezeichen:

Hier mache ich eine Pause: |
Hier spreche ich am Ende der Zeile ohne Pause weiter: →
Hier möchte ich etwas betonen: ______

· Texte zum Vorlesen vorbereiten und sinngestaltend vorlesen

· FÖ-KV: 42, 43
· zum Beispiel: Seite 52/53, 67, 121, 135, 159 …

4 Lest euch die Frage in der Sprechblase mit unterschiedlichem Gefühlsausdruck und unterschiedlicher Lautstärke vor.

sachlich | laut | traurig | wütend | gruselig | leise | ängstlich | lustig

Was soll ich ihm bloß geben?

5 Wie verändert sich die Stimmung durch das unterschiedliche Vorlesen der Frage aus Aufgabe 4? Sprecht miteinander.

Wenn man die Frage … liest, wirkt …

Die Stimmung …

Das Kind wirkt …

6 Wie möchtest du den Text **Ein Monster in meinem Haus** vorlesen? Markiere in den Farben aus Aufgabe 4.

7 Lest euch den Text gegenseitig vor.

Aha!

So lese ich einen Text ausdrucksstark vor:

- Ich lese den Text mehrmals und schreibe Vorlesezeichen an und neben den Text.
- Ich entscheide, mit welchem Gefühlsausdruck und mit welcher Lautstärke ich lesen möchte.
- Ich übe meinen Vortrag.

Vortrag

- Ich spreche ausdrucksstark.
- Ich schaue die Zuhörer hin und wieder kurz an.

Dazu brauche ich diese Methode:

Ich kann einen Text so vorlesen, dass andere mir interessiert zuhören.
So finde ich auch besser heraus, welche Stimmung zum Text passt.

Ich kann einen Text ausdrucksstark vorlesen.

Rückmeldung: ______________________

Ein Buch mit einem Lapbook vorstellen

1 Wie könnt ihr Bücher vorstellen? Sprecht miteinander.

2 Du kannst ein Buch auch mit einem Lapbook vorstellen.
Es gibt verschiedene Möglichkeiten, es zu gestalten.
Welche Möglichkeiten hat Olsun gewählt?
Vergleiche und kreuze an.

- ☐ Er hat einen Brief geschrieben.
- ☐ Er hat ein Boot gebastelt.
- ☐ Er hat mehrere Bilder aufgeklebt.
- ☐ Er hat eine Klappkarte gestaltet.
- ☐ Er hat ein Lied aufgeklebt.
- ☐ Er hat einen Pfeil aufgeklebt.
- ☐ Er hat einen Steckbrief geschrieben.
- ☐ Er hat das Buchcover aufgeklebt.
- ☐ Er hat ein Gedicht geschrieben.
- ☐ Er hat einen Anker gemalt.

· ein Kinderbuch selbst auswählen und vorstellen
· verschiedene Medien für eine Präsentation nutzen

· FÖ-KV: 44, 45
· zum Beispiel: Seite 8/9, 22/23, 36/37, 39/40, 96/97 ...

1 Wähle ein Buch aus, das du mit einem Lapbook vorstellen möchtest. Schreibe die wichtigsten Informationen auf.

Titel: ______

Autor / Autorin: ______

Verlag: ______

Hauptfiguren: ______

Handlungsort: ______

Lieblingsstelle, Seite: ______

2 Wie möchtest du dein Lapbook gestalten? Kreuze an und ergänze.

☐ Foto des Autors, der Autorin	☐ Rätsel
☐ Briefumschlag zum Öffnen	☐ Bild aus dem Buch
☐ Rezept	☐ Ziehharmonikaseite
☐	☐
☐	☐
☐	☐

3 Gestalte dein Lapbook und stelle dein Buch vor.

Aha!

So stelle ich ein Buch mithilfe eines Lapbooks vor:
- Ich sammle wichtige Informationen über das Buch (Autor / Autorin, Titel, …).
- Ich überlege, was für die Zuhörer interessant ist (Figuren, Handlungsort, …).
- Ich überlege, wie ich das Lapbook gestalten möchte (Karten, Rätsel …).
- Ich gestalte mein Lapbook und stelle es anderen vor.

Dazu brauche ich diese Methode:
Ich kann andere über ein Buch informieren.

Ich kenne die Methode **Ein Buch mit einem Lapbook vorstellen**. ☺ 😐

Rückmeldung: ______

1 Lies den Text.

Detektivin Paulina und das geraubte Smartphone

Gegen zehn Uhr morgens wurde Dennis im Schlosspark Königstein das Smartphone geraubt. Der Dieb ist mit einem roten Fahrrad an Dennis vorbeigefahren und hat ihm das Smartphone aus der Hand gerissen. Schon am nächsten Tag ermittelt Detektivin Paulina in diesem Fall und hat drei Fahrräder sichergestellt. Somit gibt es auch drei Verdachtspersonen. Alle drei streiten den Diebstahl ab. Doch wem gehört nun das rote Fahrrad, mit dem der Raubüberfall verübt wurde und wer war der Dieb oder die Diebin?

Hier sind die Hinweise:

1. Eine Verdachtsperson heißt Mia.
2. Eine andere Verdachtsperson fährt ein Rennrad.
3. Rechts neben dem Rennrad steht ein Klapprad.
4. Ganz links steht ein Mountainbike.
5. Das Mountainbike ist nicht grün.
6. Grün ist das Klapprad von Bruno.
7. Karim steht als Verdachtsperson in der Mitte.
8. Karim fährt ein gelbes Fahrrad.

2 Ermittle den Dieb oder die Diebin! Trage ein.

Verdachtsperson 1 **Verdachtsperson 2** **Verdachtsperson 3**

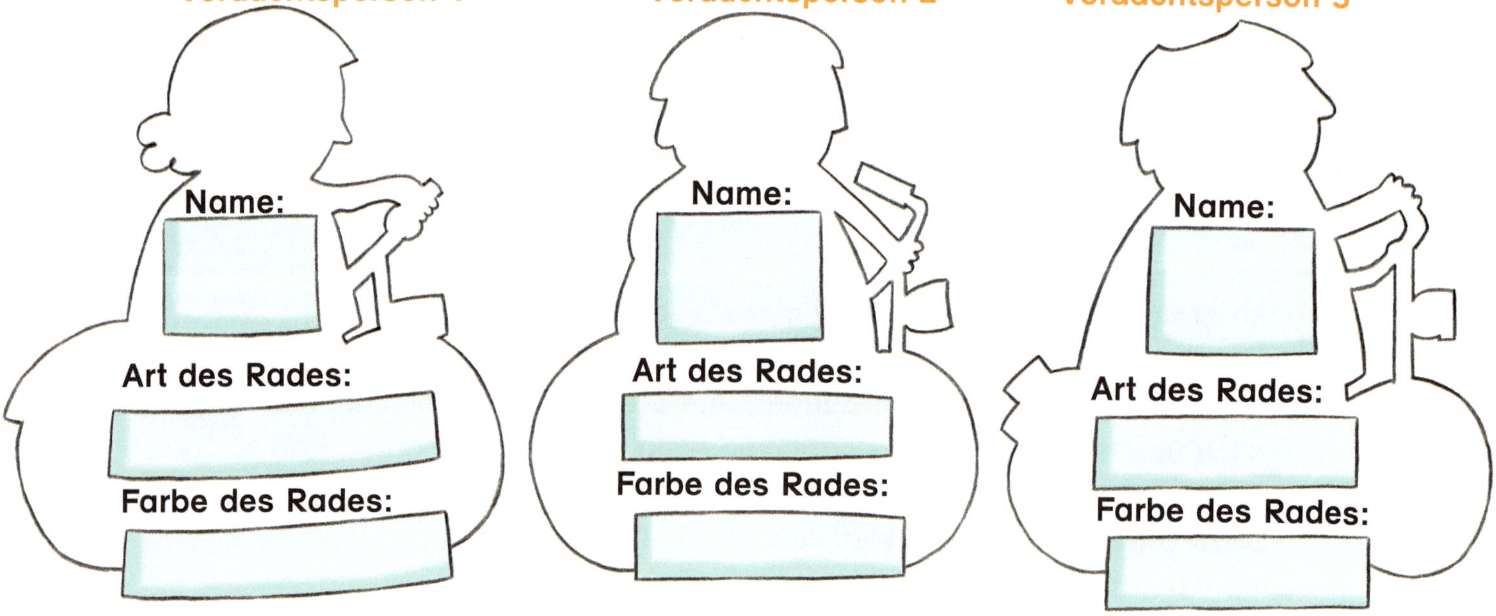

Der Dieb/die Diebin ist ____________________ .

· Textinformationen vergleichen und zuordnen
· eigene Leseerfahrungen dokumentieren und vergleichen

· FÖ-KV: 46, 47

1 Veranstaltet in eurer Klasse ein Kilometer-Lesen.

Das geht so:

1. Jedes Kind misst eine Seite des Buches aus, das es liest.
2. Dann rechnet es die Summe der gelesenen Seiten zusammen und trägt sie in die Tabelle ein.
3. Die Ergebnisse werden am Ende der Woche zusammengerechnet.

Datum	Buch / Kapitel	Seiten	Zentimeter	Summe
Gelesene Meter in einer Woche:				

Rückmeldung: ______

Erarbeitet von
Ricarda Paulisch (Lengerich)
und Kerstin Riesberg (Wallenhorst)

Illustriert von
Katrin Oertel und Angela Glökler (Quiesel)

Textquellennachweis

Seite 10: Michels, Tilde: Am Froschweiher (gek.). In: Am Froschweiher, dtv Verlag, München: 1989.
Seite 12: Papprollen-Mumien basteln. In: https://www.geo.de/geolino/basteln/22077-rtkl-upcycling-papprollen-mumien [08.02.2021]
Seite 18: Gernhardt, Robert: Wenn die weißen Riesenhasen. In: Ich liebe dich wie Apfelmus. Hrsg. von Amelie Fried. cbj; Überarbeitete Neuausgabe Edition, München: 2014, S. 60.
Seite 19: Harranth, Wolf: Zoologie. In: Ein Pudel spricht zur Nudel. Hrsg. von Gudrun Schury. Aufbau Verlag, Berlin: 2010.
Seite 36: Jakobs, Günther (Autor und Illustrator): Eric, das Schaf (gek.). In: 365 mal Vorlesen: Geschichten und Gedichte für das ganze Jahr. Hrsg. von: Atelier Hafenstraße 64. Carlsen Verlag, Hamburg: 2013. (Beitrag vom 30. Juni).
Seite 38: Drvenkar, Zoran: Die Lüge (gek.). In: Frankie unsichtbar, © Tulipan Verlag GmbH, München: 2008.
Seite 42: The Umbilical Brothers: Ein Monster in meinem Haus (gek.). Übersetzt von Eva Jaeschke © Tulipan Verlag GmbH, München: 2019.
Seite 46: Detektivin Paulina und das geraubte Smartphone (gek., verändert). Nach einer Idee auf: https://www.raetseldino.de/detektivraetsel/Detektiv-Paul-und-die-geraubte-Handtasche.pdf [08.02.2021]

Abbildungsnachweis

|fragFINN e.V., Berlin: 22.3, 23.2, 23.3, 23.4, 23.5, 23.6. |Getty Images, München: Volanthevist 26.2. |Glökler, Angela (Atelier echt-gelb), Hamburg: Titel, 1.1, 3.1, 4.1, 6.2, 9.2, 11.1, 19.2, 21.1, 22.2, 23.1, 36.3. |iStockphoto.com, Calgary: FredFroese 26.3; GrapeImages 26.4; PhonlamaiPhoto 34.2. |Oertel, Katrin, Münster: 4.2, 4.3, 5.1, 5.2, 5.3, 5.4, 6.1, 6.3, 6.4, 7.1, 7.2, 7.3, 8.1, 8.2, 8.3, 8.4, 9.1, 10.1, 10.2, 11.2, 11.3, 12.2, 13.1, 14.1, 14.2, 14.3, 15.1, 15.2, 15.3, 15.4, 15.5, 16.1, 16.2, 16.3, 16.4, 16.5, 16.6, 16.7, 16.8, 16.9, 16.10, 17.1, 17.2, 17.3, 17.4, 17.5, 17.6, 17.7, 18.1, 18.2, 19.1, 20.1, 21.2, 21.3, 22.1, 24.1, 26.1, 28.2, 30.1, 31.1, 31.2, 32.1, 34.1, 35.1, 35.2, 36.1, 36.2, 37.1, 38.1, 40.1, 40.2, 42.1, 42.2, 44.1, 46.1, 46.2, 46.3, 46.4, 47.1, 47.2, 50.1, 50.2, 50.3, 50.4, 50.5. |OKAPIA KG - Michael Grzimek & Co., Frankfurt/M.: Bevan, Brian /ARDEA 25.2. |S. Fischer Verlag GmbH, Frankfurt/Main: Christos, Thomas. Orbis Abenteuer – Ein kleiner Roboter büxt aus. 2014, FISCHER Kinder- und Jugendtaschenbuch 34.3. |Shutterstock.com, New York: Arizzona Design 8.5, 8.9; Carboxylase 8.6, 8.7, 8.8. |stock.adobe.com, Dublin: DigitalGenetics 28.1; jivimages 12.1; Meertins, Sander 25.1; Schaefer, Menno 25.3. |Tulipan Verlag GmbH, München: Gumpert, Steffen. Der bleiche Hannes, 2017 44.2, 44.3.

westermann GRUPPE

Druck A1 / Jahr 2021
Alle Drucke der Serie A sind im Unterricht parallel verwendbar.

Redaktion: Marleen Scharninghausen
Illustrationen: Katrin Oertel und Angela Glökler (Quiesel)
Umschlaggestaltung: Visuelle Lebensfreude (Hannover) mit einer Illustration von Angela Glökler
Layout: Godewind, Hamburg
Druck und Bindung: Westermann Druck GmbH, Georg-Westermann-Allee 66, 38104 Braunschweig

ISBN 978-3-14-**137168**-0